DISCOURS

PRONONCÉ A LA

DISTRIBUTION DES PRIX

DU LYCÉE IMPÉRIAL DE METZ

(AOUT 1858)

PAR M. KLIPFFEL,

Professeur d'histoire.

Éloge de Ch. Lacretelle.

METZ.

IMPRIMERIE F. BLANC, RUE DU PALAIS.

1859.

ÉLOGE DE CH. LACRETELLE.

1859

DISCOURS

PRONONCÉ

A LA DISTRIBUTION DES PRIX DU LYCÉE DE METZ.

(AOUT. — 1858.)

Jeunes élèves,

On ne peut être taxé ni d'orgueil ni de fatuité pour avoir montré quelquefois à ses amis des richesses honorablement acquises : nul donc ne trouvera mauvais que dans un temps où les sciences jouent un si grand rôle, la ville de Metz aime elle aussi à rappeler ses titres scientifiques. Il y a peu de mois encore, dans une réunion solennelle de l'Académie de Metz, vous eussiez pu entendre une voix plus autorisée que la mienne, celle du président de cette Académie, exposer de nouveau ces titres devant un auditoire choisi. Le savant éminent, le spirituel orateur que tous écoutaient alors avec une attention si méritée, déroulant sous nos yeux l'histoire de Metz, marquait la part prise par cette ville au grand mouvement scientifique de notre époque; il disait ce qu'avaient déjà fait quelques-uns de vos compatriotes; surtout ce qu'on aurait pu faire et quels travaux restaient à aborder; et il faut l'espérer, ces nobles paroles trouveront un écho parmi la jeune génération à laquelle je m'adresse ici et qui se montrera jalouse d'agrandir l'héritage de ses aînées. Mon intention, Jeunes gens, n'est pas d'entreprendre la contre-partie de ce discours si applaudi et d'examiner à mon tour quels titres possède la ville de Metz à la gloire littéraire. Je voudrais seulement vous faire connaître un littérateur né dans ces murs, qui, écrivain de mérite et honnête homme, illustra par ses travaux la cité, sa mère, et s'éteignit tout récemment, lui léguant le souvenir d'une vie parfaitement remplie, pleine d'enseignements, et digne surtout d'être méditée de vous. Cet homme, c'est l'historien Charles Lacretelle, dont vous avez pu contempler le buste vénérable dans une des salles de la bibliothèque publique.

Charles Lacretelle naquit à Metz le 3 septembre 1766 ; il était le septième enfant d'un avocat distingué qui, à la suite du renvoi des anciens parlements sous le chancelier Maupeou, alla s'établir à Nancy et continua d'y exercer sa profession avec le plus grand succès. Des revers de fortune l'ayant atteint, sa femme, épouse dévouée, avait pris le parti de vivre avec sa famille chez un oncle, curé de campagne. C'est là que grandit le jeune Lacretelle, heureux et libre, sous l'œil vigilant d'une mère si tendre, et qui fut son premier maître. Mais, hélas ! rien n'est durable ici-bas, surtout le bonheur. Ch. Lacretelle n'avait que douze ans lorsqu'une mort prématurée lui enleva sa mère ; ce fut le deuil le plus cruel de sa vie, et l'enfant était déjà devenu homme que cette douloureuse blessure saignait encore comme aux premiers jours. Puis l'âge des études était arrivé et il fallut retourner à Nancy. Lacretelle y trouva un enseignement et des maîtres qui n'étaient pas ceux de l'Université d'aujourd'hui et qui ne lui laissèrent que les plus fâcheux souvenirs. Il étudia pourtant, désireux qu'il était de savoir ; il lut quelques-uns des écrivains classiques avec l'histoire des peuples anciens et modernes, mais mal dirigé son travail ne lui profitait guère. Sa conduite d'ailleurs (je le confesse à sa honte) n'était pas toujours irréprochable, et un soir qu'il s'était permis envers un de ses maîtres une réponse irrévérencieuse, il entendit sortir de sa bouche l'arrêt terrible : « Allez chercher le correcteur. » Or, remarquez-le, il ne s'agissait point ici d'une correction morale, mais d'une correction qui, pour arriver à l'âme, s'adressait directement au corps. Le personnage chargé des exécutions de ce genre était l'effroi des écoliers, un vrai cerbère, et qu'on n'eût pas désarmé en lui jetant, comme à celui de Virgile, des gâteaux de farine. Mais à défaut du vice de la gourmandise, il en était un autre auquel le cerbère de Nancy sacrifiait volontiers, et ce jour-là le sacrifice offert avait été si complet que Lacretelle, obligé d'aller lui-même chercher son ennemi, le trouva dans sa loge vaincu, comme disent les poètes, par le puissant Dieu du vin et endormi. Quel coup de la fortune! Jamais le sommeil ne parut à Lacretelle chose plus bienfaisante qu'en cette occasion; il se hâta d'en profiter: la clef était sur la porte; en deux tours, le tant redouté personnage se trouva enfermé et l'écolier alla se réfugier à la campagne auprès d'une dame qu'il savait exercer un grand crédit sur l'esprit de son père. De cette retraite, dans une lettre adressée à ce dernier, il plaida contre la peine du fouet « avec toute l'indignation que peut inspirer ce châtiment des esclaves à un écolier qui a lu Plutarque et l'histoire romaine. » La dame rit beaucoup de l'argumentation de son protégé; l'étourdi rentra bientôt en grâce auprès de son père et celui-ci le raccommoda avec le principal.

Une autre aventure se rapporte à cette époque de la vie de notre héros. Il avait le défaut contraire de celui que nous vous reprochons quelquefois : il lisait trop. Poètes, philosophes, historiens, romanciers, tout y passait ; ces derniers principalement, et sans doute pas les meilleurs, trouvaient le plus favorable accueil. Or, il arriva que ces lectures mal ordonnées fermentant trop dans sa tête, Lacretelle sentit, sa dernière année de collége, une sorte d'éclipse se faire dans sa raison. Le désespoir s'empara de son âme, et ayant vu un de ses amis, dans un moment d'égarement, s'arracher la vie, il songea à l'imiter. Des reproches de son père le décidèrent à exécuter son projet; il s'enfuit de la maison paternelle armé d'un couteau..... Ne vous effrayez pas trop : c'était un vieux couteau de table. Mais un disciple exalté des romans ne meurt pas comme un autre homme. Lacretelle sut choisir, pour être témoin de sa mort, un lieu qui n'avait rien de vulgaire : c'était une grotte des environs de Nancy, s'ouvrant dans un rocher couronné de bois et entouré d'eaux jaillissantes. Jugez si Lacretelle dût être satisfait de sa découverte : on pouvait mourir là aussi poétiquement que dans un roman. Arrivé près de la grotte, Lacretelle tira de sa poche une écritoire et, dans un testament où il mit toute sa rhétorique, adressa ses derniers adieux à sa famille. Il le mouilla de ses larmes, puis saisit son couteau et, pour frapper, le leva à la hauteur de ses yeux.... Il s'aperçut alors que son couteau était bien ébréché, et toujours son arme levée il se rappela que Caton, dont le bras était plus ferme et le cœur plus résolu que le sien, n'avait pu se donner une mort prompte avec une bonne épée...... Demeura-t-il longtemps dans cette attitude? Je ne sais; mais toute réflexion faite, il se décida à remettre sa mort à un autre jour. Il mourut en effet soixante-quatorze ans après la tentative de suicide que je viens de vous raconter.

Au sortir du collége, l'étude de la jurisprudence succéda, pour Lacretelle, à celle des écrivains classiques ; il s'y livra avec succès et ne tarda pas à être reçu avocat. Mais tout en donnant une partie de son temps au barreau, il restait fidèle au culte des belles-lettres. Un prix obtenu à l'Académie de Nancy lui avait valu accès dans les sociétés les plus distinguées, et après avoir (comme il nous l'assure) estropié Montesquieu dans un beau discours *sur l'influence des mœurs sur les lois et des lois sur les mœurs*, il luttait contre l'*Almanach des Grâces* dans des vers surchargés de roses insipides, mais fort goûtés des jeunes lectrices de Nancy. Une vie si douce eût contenté notre avocat, mais son frère aîné et un homme devenu célèbre depuis, le critique du *Journal des Débats*, Hoffmann, l'appelèrent à Paris. Il y alla, rêvant la gloire littéraire et comptant pour l'acquérir sur une tragédie de *Caton d'Utique :* des destinées plus orageuses l'attendaient.

On était alors en 1787; la vieille monarchie féodale, en pleine décadence, allait périr et entraîner dans sa chute la société fondée sur les abus et les priviléges dont elle était le gouvernement; la révolution s'annonçait partout, et Lacretelle arrivé à Paris put juger, à l'agitation des esprits, qu'elle ne tarderait pas à éclater. Son frère avait deviné sa véritable vocation, celle d'historien ; il ne voulut point entendre parler du *Caton d'Utique,* et la seule confidence que l'auteur de la malheureuse tragédie osa en faire à une des femmes les plus renommées alors pour leur esprit n'eut pas un meilleur succès. En attendant donc que *Caton* put monter triomphant sur la scène, comme il fallait vivre, Lacretelle travailla pour un libraire à la partie morale de l'*Encyclopédie* par ordre de matières. Il connut aussi, grâce à son frère, quelques hommes marquants de l'époque: l'abbé Morellet; Suard, le littérateur; Condorcet, le philosophe, depuis une des victimes les plus regrettables de la révolution ; le vieux Saint-Lambert, qui, après avoir dû sa réputation aux vers froidement compassés de son poëme des *Saisons*, déposait maintenant dans un *Catéchisme de morale* sa desséchante philosophie; surtout le vénérable Malesherbes, dont les discours firent une profonde impression sur son cœur, charmant lorsqu'il parlait de Rousseau, admirable lorsqu'il rappelait les vertus de Turgot, son ami, et ce que tous deux ils eussent voulu faire pour le bonheur de la France.

Chargé plus tard, sous la Constituante, de faire dans le *Journal des Débats* le compte rendu des séances de l'assemblée (travail dans lequel d'ailleurs il excellait), Lacretelle vit son rôle grandir, quand la Constituante eut déclaré sa mission terminée et fait place à la Législative. Déjà la révolution échappait à la bourgeoisie, et l'imprudent parti des Girondins, appelant au service de ses rancunes les masses populaires, ne tarda pas à leur livrer en proie la frêle monarchie, œuvre des patriotes de 89. Déjà aussi commençait le règne des hommes de sang dont l'Europe coalisée allait trop favoriser les desseins meurtriers par ses attaques contre la France. Cependant quelques hommes courageux se dévouèrent au salut de la Constitution et du Roi : Lacretelle, dans cette tâche périlleuse, eut pour auxiliaires les intrépides poètes Roucher et André Chénier, comme lui rédacteurs du *Journal de Paris;* mais leurs appels en faveur de l'ordre, de la justice, de l'humanité, ne furent pas entendus; les violents l'emportèrent, et après une série d'insurrections enregistrées dans l'histoire sous les dates sinistres du 20 juin et du 10 août 1792, la révolution, par le crime de quelques-uns au dedans, par le crime aussi de l'émigration poussant du dehors l'Europe sur la France, la révolution s'abîma dans le sang.

On sait quel régime succéda à la monarchie tombée; combien de nobles têtes abattit la hache des proscripteurs; comment la ruine des Terroristes suivit enfin la ruine des Girondins, comme la chute de ces derniers avait suivi le supplice du Roi. Les plus illustres amis de Lacretelle montèrent alors sur l'échafaud, les uns immolés malgré leur génie, les autres malgré leurs vertus; lui-même n'échappa que par miracle, tantôt caché dans la famille de Mme Le Sénéchal, tantôt réfugié au sein même de nos armées qui assuraient alors, par de glorieuses victoires, l'intégrité du territoire national, il put ainsi résoudre « le plus difficile problème du temps, celui de vivre. » Mais quand le 9 thermidor lui eut permis de reparaître et que la Convention, délivrée des Terroristes, fut revenue à la modération, Lacretelle figura encore au premier rang de ceux qui, par leurs écrits, s'efforçaient de maintenir la Convention dans cette voie des mesures réparatrices. Toutefois il ne touchait pas au terme de ses épreuves. Redevenu suspect pour ses opinions, depuis l'insurrection royaliste du 13 vendémiaire, il vit son nom, avec celui de beaucoup d'écrivains distingués, porté sur les listes de proscriptions dressées au 18 fructidor, après le premier de ces coups d'état par lesquels le Directoire finit par se tuer lui-même en tuant la République. C'était la déportation, sous le climat meurtrier de Sinnamari, qui cette fois était réservée à Lacretelle; mais, heureusement pour lui, le crédit de son frère parvint à le faire rayer de la liste fatale et on l'oublia dans sa prison de la Force, d'où il ne sortit que deux ans plus tard, après la révolution du 18 brumaire.

Lacretelle était entré dans sa prison simple journaliste, il en sortit historien. Les événements dont il venait d'être le témoin avaient fait une profonde impression sur son esprit; l'aspect des murs de sa prison le ramenait sans cesse à ses souvenirs, et c'est ainsi que dans ses longs et tristes loisirs, à la Force, il conçut l'idée d'écrire l'histoire contemporaine. Difficile entreprise, je dirais volontiers impossible à bien réaliser, quand il s'agit d'un événement comme la révolution française, dont une lointaine postérité pourra seule embrasser toutes les conséquences et par suite écrire l'histoire avec vérité et impartialité. Une pareille objection ne se présenta pas à l'esprit de Lacretelle, ou, s'il se la fit à lui-même, elle ne l'arrêta pas, et en 1801 parut son *Histoire de l'assemblée législative*. On trouve déjà dans ce premier ouvrage les qualités qui distinguent tous ceux de l'auteur : l'art de grouper les faits, d'en présenter un tableau animé et de semer de portraits intéressants un récit vif, entraînant et écrit avec beaucoup de facilité. Aussi l'ouvrage eut-il un immense succès. Les récompenses, toutefois, ne vinrent pas chercher l'auteur, quoiqu'il eût si bien mérité de la cause de l'ordre. Voyant tant de gens autour de lui se faire payer des services qu'ils n'avaient point rendus, il ne voulut rien demander et on l'oublia jusqu'en 1809.

Cette année, l'Université fut organisée et Lacretelle nommé, par M. de Fontanes, professeur d'histoire à la Faculté des lettres de Paris. Là, son talent d'improvisation, celui d'envisager les événements au point de vue moral et dramatique, et de sauver à ses auditeurs ce que la science peut avoir d'aride pour ne leur en présenter que les fleurs, lui valut, au commencement surtout, une vogue extraordinaire. Non-seulement la jeunesse des écoles, mais les hommes d'un âge mûr, les dames mêmes en foule se pressèrent à ses leçons, et les murs scholastiques de la vieille Sorbonne s'étonnèrent de voir des hôtes si nouveaux, frémirent d'entendre des applaudissements si mondains. Lacretelle s'est lui-même égayé sur ce succès trop universel et qui parut à quelques-uns presqu'un scandale :

« Mais (dit-il) des vieux professeurs les ombres s'indignèrent,
» Leur robe s'agita, leurs rabats se plissèrent :
» Jansénius en feu sur mes bancs reparut,
» Même le bon Rollin trembla pour mon salut. »

Ce ne fut pas tout : l'administration universitaire s'émut, et un arrêté fut pris qui enlevait à notre professeur la plus belle moitié de son auditoire. Il en fut toujours inconsolable et il ne cessa, toute sa vie, de protester contre une mesure qui privait ainsi des utiles entretiens de la Sorbonne celles qui sont pour nous ou des mères ou des sœurs.

Tout le temps que lui laissaient les devoirs du professorat, Lacretelle le consacrait à des travaux sur notre histoire nationale, auxquels il a dû sa réputation. Son *Histoire du dix-huitième siècle* le fit entrer en 1811 à l'Académie française où il occupa le fauteuil d'Esménard, l'auteur du poème de *la Navigation,* et dès lors il fut aussi consciencieux académicien qu'il était diligent professeur. La docte compagnie le compta toujours parmi ses membres les plus actifs et elle ne le voyait jamais sans un vif plaisir prendre la parole dans son sein. Il croyait qu'un fauteuil, même un fauteuil académique, pouvait servir à autre chose qu'à y dormir. Son discours de réception, ses éloges de Florian et de M. de Monthyon furent couverts d'applaudissements ; nul n'était mieux préparé que lui par la simplicité de son caractère et de sa vie à juger le talent de Florian qui, par l'effort et l'étude, atteint parfois la simplicité, et son cœur honnête était digne de louer la délicate bienfaisance de M. de Monthyon. Mais l'ouvrage qui mit le sceau à la réputation de Lacretelle, ce fut son histoire de nos guerres religieuses. C'était un sujet bien difficile à traiter, pour un homme du dix-huitième siècle, que cette époque de crise religieuse si décisive pour l'avenir de notre pays, où il ne s'agissait de rien moins que de savoir si le gouvernement de la France et probablement à sa suite la France elle-même, abandonnant à leur tour le catholicisme, passeraient ou non du côté de la réforme. Temps étrange de grandes vertus et de crimes épouvantables, et que notre imagination même, habituée aux spectacles d'un âge pacifique, a peine à se représenter! Il faudrait pour le bien comprendre avoir encore les fortes convictions des hommes entre qui s'agitait alors le débat, et pour le décrire la plume énergique dont eux-mêmes racontaient leurs actions. Lacretelle n'avait pas les couleurs d'un Tacite pour peindre une société où Médicis triomphait de Coligny : il fut du moins pour le seizième siècle un consciencieux et toujours intéressant narrateur. Il existe, vous le savez, dans la tragédie antique un personnage collectif, anonyme, le chœur, écho des sentiments de la foule et dont le rôle est de rendre avec fidélité l'impression morale produite sur elle par les événements du drame. Ce rôle du chœur antique, Lacretelle semble avoir voulu le remplir dans l'histoire ; se préoccupant médiocrement de pénétrer les causes des événements et d'en expliquer les conséquences, il juge surtout les faits au nom de la morale, heureux quand il raconte le bien, indigné contre le crime, d'ailleurs vivement ému des souffrances des hommes et les aimant, comme tout son siècle, de l'amour le plus passionné. Ce n'est pas là, j'en conviens, l'histoire tout entière, mais du moins une noble partie de sa tâche si vaste, et n'était-ce pas aussi un grand historien, ce Tacite qui définissait l'histoire « la conscience du genre humain » ?

Cependant l'âge avait contraint Lacretelle de renoncer, en 1840, à l'enseignement public ; sa santé était bonne encore, mais exigeait quelques ménagements. Il jouissait de cette heureuse vieillesse avec une reconnaissance et une discrétion également touchantes : « Ce n'est pas sans un pro-
» fond recueillement, écrivait-il le 3 septembre 1837, qu'on
» arrive à l'âge de 70 ans accomplis. Je m'étais peu flatté,
» dans le cours d'une longue vie, soumise à mille épreuves

» et ballotée par des révolutions dont je ne sais pas le
» compte, d'atteindre à un âge que chacun, excepté ceux
» qui le dépassent, juge un terme satisfaisant. Je jouis à
» petit bruit de cette victoire remportée sur le temps,
» car il n'aime pas qu'on le brave. » Ne dirait-on pas le
langage d'un ancien, parlant de la jalousie des Dieux et
du Destin? Retiré depuis lors dans son domaine de Belair,
sur les bords de la Saône, il y passait la plus grande partie
de l'année, entouré des plus tendres soins domestiques,
chéri de tous ses voisins. Beaucoup de nos contemporains
se souviennent avec plaisir de ce vieillard aimable et d'un
commerce facile, de ses conversations favorites sur les
hommes et les choses d'autrefois, des discours prononcés
par lui dans les solennités littéraires, ou même les concours
d'horticulture qui lui faisaient de temps à autre quitter sa
retraite. Retraite féconde encore, car c'est là qu'il composa son *Histoire du Consulat et de l'Empire;* ses *Dix
ans d'épreuves* et son *Testament philosophique.* Quelquefois, pour charmer ses loisirs, il épanchait ses sentiments
en vers faciles, et alors « un souffle poétique paraissait
descendre de Saint-Point sur Belair. » Toujours heureux,
il prolongea sa vie jusqu'au 26 mars 1856 et s'éteignit
alors avec ce calme et cette sérénité que la religion et la
philosophie peuvent seules donner à cet instant suprême.
Sa fin fut aussi, comme celle du sage de La Fontaine,
« le soir d'un beau jour. »

Et maintenant, jeunes gens, de cette vie rapidement
esquissée, quelles leçons ressortent pour vous? Il en est
une d'abord qui se présente d'elle-même et sur laquelle
il n'est pas nécessaire que j'insiste beaucoup. C'est par le
travail, par un travail constant, infatigable, que Lacretelle
est arrivé là où il a atteint. Ni la célébrité déjà conquise,
ni l'âge avec ses douleurs ne l'y firent renoncer; le travail fut la couronne, la consolation de sa vieillesse, comme

il avait été le besoin de sa jeunesse; c'est dans le travail encore que s'acheva sa noble existence, et la mort le trouva ferme à son poste, au milieu de ses livres chéris et presque la plume à la main.

Mais c'est par un autre côté que nous devons surtout considérer la vie de Lacretelle : il ne me suffit pas de vous avoir fait connaître le publiciste, l'historien, l'académicien, je voudrais vous faire admirer et aimer l'honnête homme. La vie de Lacretelle appartient presque tout entière aux temps les plus troublés de notre histoire, à une de ces époques où tant de réputations s'écroulent à côté de tant de masques tombés; où les naufrages des consciences faibles sont si communs et donnent à la société le désolant aspect de l'Océan au lendemain d'une tempête. Lacretelle, cependant, traversa pur sa longue carrière; il ne connut point ces souillures de l'honneur, ineffaçables comme les taches de sang qui, dans le drame de Shakspeare, reparaissent toujours sur les mains de lady Macbeth. Mais pour expliquer cette persistance dans le bien, dirons-nous que Lacretelle fut favorisé par les circonstances? Non, il fut et voulut être honnête homme, et celui qui veut l'être, Jeunes gens, il n'est point de circonstance si forte qui l'en puisse empêcher.

Un soutien ne manqua jamais à Lacretelle dans les difficiles épreuves de la vie, la force du caractère. Eh bien! c'est cette force morale que l'Université veut créer en vous par son éducation mâle et austère que deux mots résument : le travail et la discipline.

Ces mots, nous le savons, n'ont rien qui vous effraie, mais vous rêvez parfois (et à qui n'arrive-t-il pas de rêver en ce bas monde?), vous rêvez un lycée sans pensum, sans retenue, ni grande, ni petite, où chacun travaillerait à ses heures et quand il n'aurait pas mieux à faire, un lycée, en un mot, qui serait pour des écoliers, vous le croyez du moins, le paradis sur terre. Rêve insensé dont se berce votre inexpérience ! car que de regrets une telle éducation préparerait à l'enfant devenu jeune homme et entré dans le monde ! Qu'y porterait-il, sinon la légèreté, les fantaisies d'une imagination mal réglée, les caprices d'une volonté qui n'a pas appris à se gouverner. Que ferait enfin cette âme molle et sans force au milieu des luttes impitoyables de la vie, impitoyables surtout dans une société où les rangs sont si pressés et où il est si difficile de se faire sa place au soleil et au grand jour. Je m'imagine voir ce mauvais soldat incapable de souffrir la douleur d'une blessure, dont parle je ne sais quel auteur de l'antiquité : on le frappe au bras et il porte sa main au bras, on le frappe à la tête, il porte sa main à la tête, et pendant ce temps son bouclier lui échappe et il demeure tout entier exposé au fer de l'ennemi. Vous méprisez un si lâche soldat ; mais ce soldat, n'est-ce pas le malheureux enfant, victime de ce déplorable système d'éducation, que vous êtes quelquefois tentés de souhaiter pour vous-mêmes et qui, s'il venait à prévaloir, entraînerait, comme inévitable conséquence, l'abaissement moral, la dégradation des caractères ?

Vous ne savez pas, Jeunes gens, quel mal affreux cette dégradation cause dans une société ; mais vos pères qui m'écoutent me comprennent. C'est elle qui tue les peuples, bien plus que les invasions, la conquête ou les catastrophes inattendues ; elle est le signe le plus manifeste de la décadence, et là où elle apparaît on peut avec certitude, et l'histoire à la main, prédire la ruine et la mort.

Nous-mêmes, n'avons-nous pas aussi entendu autour de nous des esprits chagrins faire à la France cette sinistre prophétie ? Loin de moi, loin de vous tous, la pensée qu'elle puisse jamais s'accomplir ! Mais qui en rendra l'accomplissement impossible ? si ce n'est vous, vous,

Jeunes gens, en devenant ce que l'Université entend faire de vous, des hommes instruits, sans doute, mais avant tout des hommes vertueux, forts et énergiques, car sans la force et sans l'énergie, point de vertu.

Je termine, Jeunes gens, par ce dernier vœu et en vous invitant aussi à la reconnaissance envers l'Université. Soyez fiers d'être ses élèves; portez haut et ferme son drapeau, car il est noble, et quoiqu'en aient dit, quoiqu'en puissent dire encore d'injustes ennemis, il n'a jamais dévié du chemin de l'honneur. Aimez donc l'Université; recevez avec empressement les leçons qu'elle vous donne, et que la France de l'avenir puisse un jour compter sur vous !

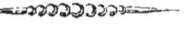

www.ingramcontent.com/pod-product-compliance
Lightning Source LLC
Chambersburg PA
CBHW060456050426
42451CB00014B/3356